혹시 책이나 텔레비전 방송에서
브라질의 카니발을 본 적이 있나요?
화려하고 반짝이는 옷을 입은 예쁜 언니들이
삼바 음악에 맞추어 춤추고 노래하고……
브라질의 카니발은 너무나 유명해서
세계 곳곳의 사람들이 구경을 온답니다.

태평양

꾸리찌바는 브라질에 있는 도시예요

브라질은 남아메리카에 있는 나라로, 정식 이름은 브라질 연방 공화국입니다. 수도는 브라질리아이고, 주로 포르투갈어를 사용합니다. 러시아·캐나다·중국·미국에 이어 다섯 번째로 국토가 넓고 인구도 많습니다. 브라질은 인디오와 포르투갈인 그리고 유럽과 동양의 이민자들과 과거 노예로 끌려온 흑인들의 자손 등 여러 민족으로 이루어진 나라입니다. 그래서 언어나 문화도 다양하고 복잡해요.

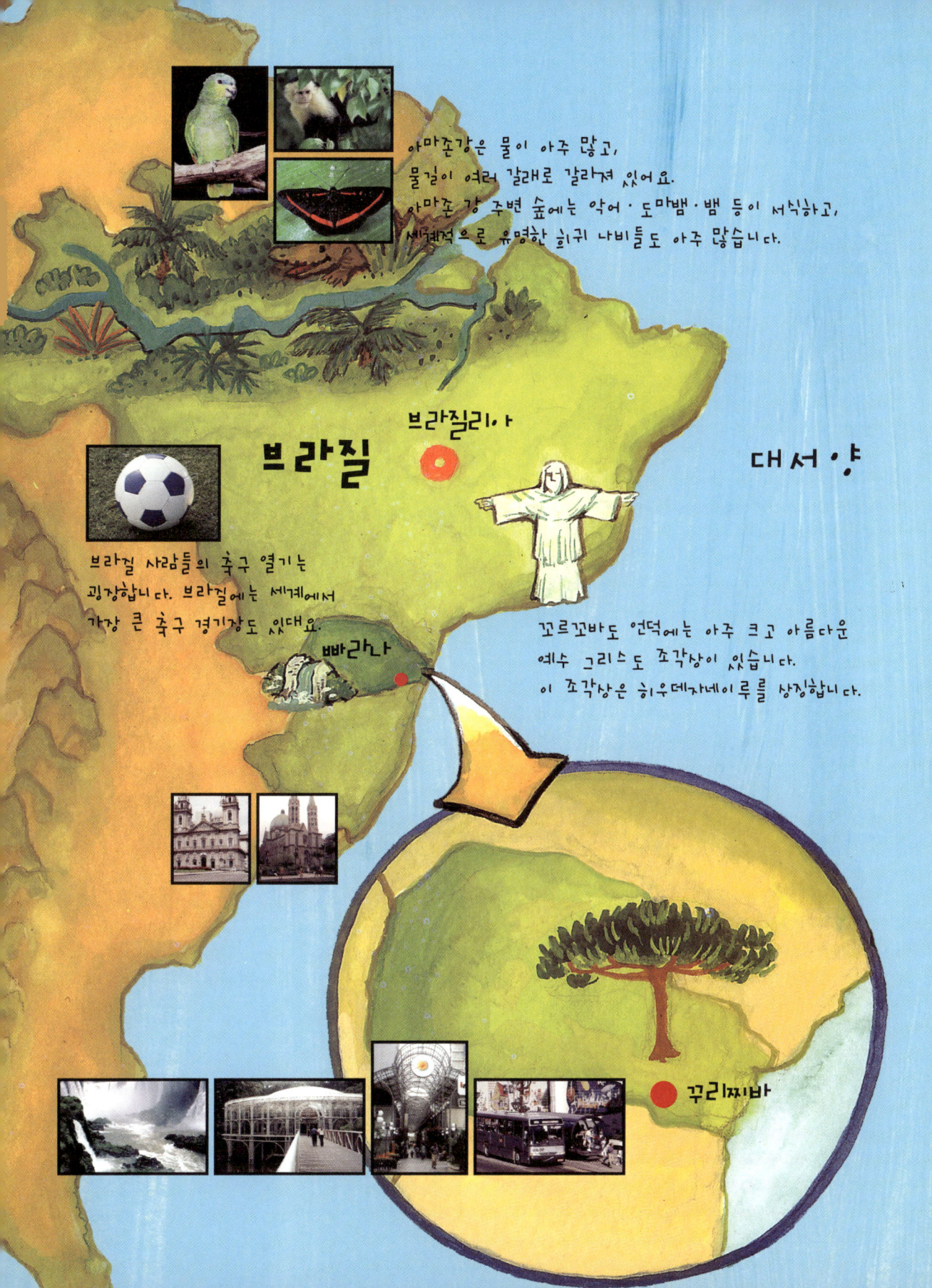

숨쉬는 도시
꾸리찌바

동화로 만나는 생태도시 이야기
숨 쉬는 도시 꾸리찌바

초판 1쇄 발행 2004년 6월 20일
개정판 1쇄 발행 2007년 2월 20일 ＼**개정판 31쇄 발행** 2025년 4월 20일
글쓴이 안순혜 ＼**그린이** 박혜선 ＼**감수** 박용남

펴낸이 이영선
편집 이일규 김선정 김문정 김종훈 이민재 이현정
디자인 김회량 위수연
독자본부 김일신 손미경 정혜영 김연수 김민수 박정래 김인환
펴낸곳 파란자전거 ＼**출판등록** 1999년 9월 17일(제406-2005-000048호)
주소 경기도 파주시 광인사길 217(파주출판도시) ＼**전화** (031)955-7470 ＼**팩스** (031)955-7469
홈페이지 www.paja.co.kr ＼**이메일** booksea21@hanmail.net

ⓒ 안순혜·파란자전거, 2004
ISBN 978-89-89192-36-7 73800

파란자전거는 도서출판 서해문집의 어린이 책 브랜드입니다. 페달을 밟아야 똑바로 나아가는 자전거처럼 파란자전거는 어린이와 청소년이 혼자 힘으로도 바르게 설 수 있도록 도와줍니다.

어린이제품안전특별법에 의한 제품 표시
제조자명 파란자전거 ＼**제조국** 대한민국 ＼**사용연령** 10세 이상 어린이 제품
▲ **주의** 책의 모서리가 날카로우니 던지거나 떨어뜨려 다치지 않도록 주의하세요.
KC 마크는 이 제품이 공통안전기준에 적합하였음을 의미합니다.

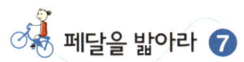 페달을 밟아라 ⑦

숨 쉬는 도시 꾸리찌바

안순혜 지음 | 박혜선 그림 | 박용남 감수

파란자전거

차례

추천의 글 • 6
글쓴이의 말 • 10
꿈속의 도시 • 14
숨 쉬는 도시 꾸리찌바를 찾아서 • 22
꽃의 거리 • 26
예술도 재활용해요! • 32

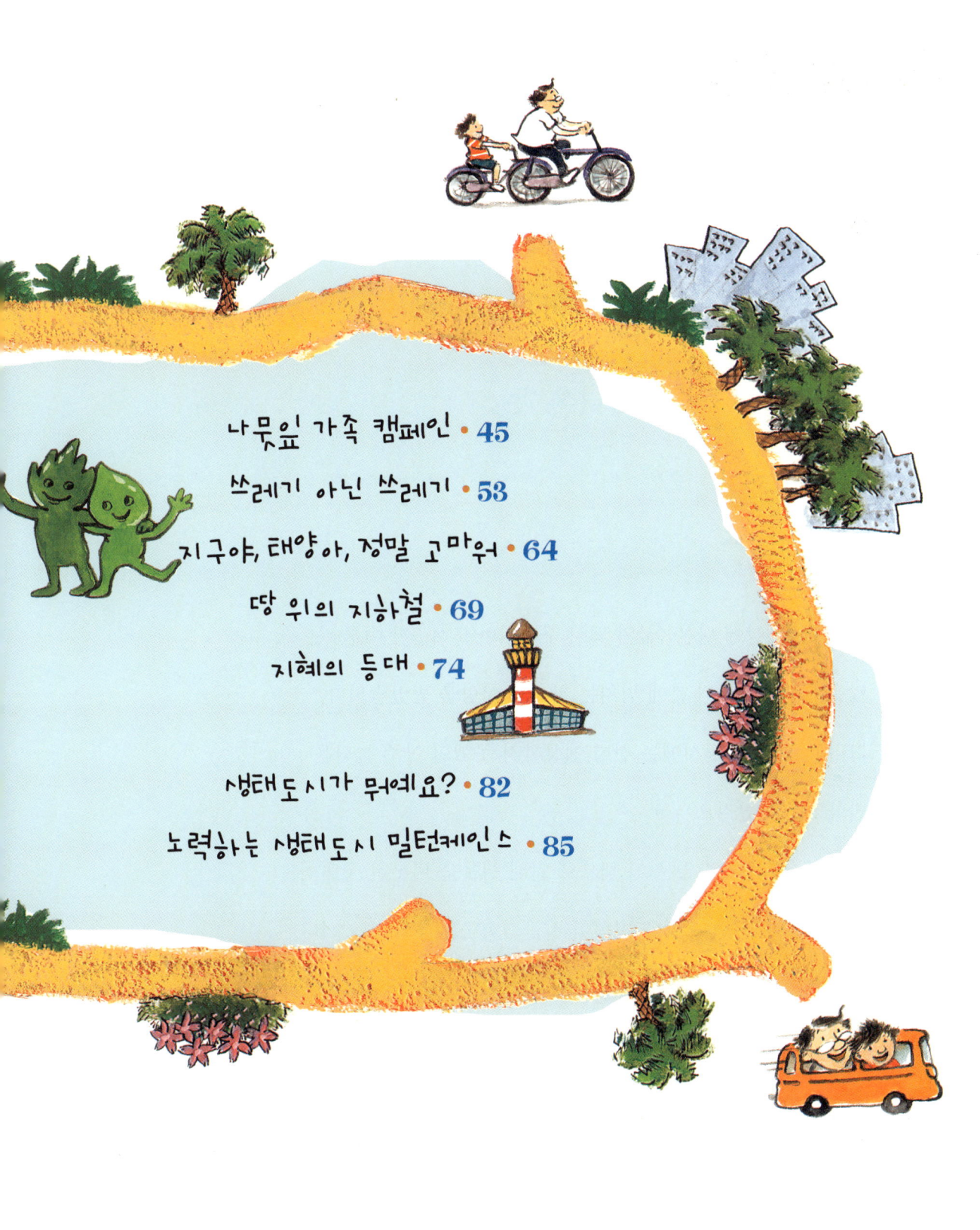

나뭇잎 가족 캠페인 • 45

쓰레기 아닌 쓰레기 • 53

지구야, 태양아, 정말 고마워 • 64

땅 위의 지하철 • 69

지혜의 등대 • 74

생태도시가 뭐예요? • 82

노력하는 생태도시 밀턴케인스 • 85

🌺 추천의 글

막내 딸아이와 함께
꾸리찌바를 다녀온 듯

몇 해 전 세상에 나온 〈꿈의 도시 꾸리찌바(도서출판 이후)〉는

많은 사람들로부터 분에 넘치는 찬사와 사랑을 받았습니다.

그리고 책을 쓸 당시에는 전혀 예상하지 못했던 아주 놀라운

반향도 일으켰지요.

그 가운데 가장 큰 일은 이 책으로 인해 서울을 비롯한 국내의

많은 대도시 행정에 일대 변혁이 시작되었다는 점일 것입니다.

또한 일부이기는 하지만 작은 중소 도시와 군 단위에서도 환경적으로

건전하고 지속 가능한 꾸리찌바 시의 행정 원칙을 본보기로,

그것을 실천에 옮기고 있습니다.

하지만 개인적으로 이보다 나를 더 놀라게 한 것은

한국간행물윤리위원회가 정치·사회 분야의 청소년 권장 도서로

이 책을 선정했다는 사실입니다. 저는 그것을 선뜻 이해할 수가

없었습니다. 왜냐하면 〈꿈의 도시 꾸리찌바〉가 원래 청소년을 대상으로

쓴 책이 아니라서, 그들이 읽기에는 다소 어려울 것이라는 막연한 생각을

제가 갖고 있었기 때문이지요. 그 와중에 또 중학교 사회 교과서에

세계적인 생태·환경도시 모델의 하나로 꾸리찌바의 사례가

소개되었지요.

이와 같은 우리 사회의 일련의 반응을 보면서, 저는 청소년들이 알기 쉽고

이해하기도 편한 꾸리찌바 소개서를 다시 써야겠다는 생각을 하게

되었습니다. 그러나 저는 타고난 천성이 게으른 데다, 늘 힘에 부치는

일들로 허덕허덕대며 사는 사람인 탓에 이 중요한 작업을 내팽개쳐 둔 채

거의 진전시키지 못하고 있었습니다.

그러던 어느 날, 파란자전거 측으로부터 꾸리찌바에 대한 동화책 기획 소식과 함께 동화 원고의 감수와 추천사를 써 달라는 부탁을 받았지요. 어린이들의 눈높이는 물론이고 동화에 대한 깊은 이해도 부족한 저인지라 거절하는 것이 당연했지만, 국내에서 처음으로 꾸리찌바에 대해 책까지 쓴 원죄를 안고 있어 저는 거절할 재간이 없었습니다. 얼마 후 안순혜 선생님이 글을 쓰고, 박혜선 씨가 그림을 그린 〈숨 쉬는 도시 꾸리찌바〉라는 동화의 최종 원고가 등기우편으로 제게 배달되었습니다. 이 책을 읽으면서 환경에 깊은 관심을 가지고 있는 도시계획가의 한 사람으로서, 저는 제 막내 딸아이와 함께 브라질의 도시 꾸리찌바에 다시 여행을 다녀온 듯한 착각까지 들었습니다. 딱딱하고 재미없는 도시 이야기를 기행문 형식으로 풀어 쓴 동화가 이렇게 잔잔하면서도 진한 감동을 주리라고는 누구도 예상하기 어려울 겁니다.

예전에 세 차례나 이 도시의 시장을 지냈고, 지금은 브라질 사람으로는

최초로 국제건축가연맹의 회장을 지내고 있는 자이메 레르네르는

꾸리찌바를 "재미와 장난이 만든 생태도시"라고 말했습니다.

그 도시 이야기 중 몇 가지 핵심적인 주제만을 골라 재구성한 이 동화는,

"사람과 자연의 조화"가 얼마나 중요한 것인지를 우리 모두에게

웅변적으로 말해 주고 있습니다.

모든 어린이들이 우리들의 환경을 지키고 가꾸는 청지기가 되어

자연과 조화롭게 살아가는 지혜를 배울 수 있도록 이 책을 읽어 보기를

적극 권하고 싶습니다.

박용남 | 〈꿈의 도시 꾸리찌바〉의 저자

💛 글쓴이의 말

마음속에 **소망**의 씨앗을 뿌리고 가꾸면, 우리의 미래는
꿈이 열매 맺는 아름다운 과수원이 될 거예요

제가 꾸리찌바에 관심을 갖게 된 건, 제주의 우당도서관에서 《꿈의 도시 꾸리찌바》라는 책과의 만남을 통해서입니다. 유채꽃을 바라보며 바닷가를 거닐고 오름을 오르면서 꾸리찌바만을 생각했지요. 물 맑고 공기 좋은 단양에서 글을 쓰는 동안에도 계속 내 안에 살아 있던 그 도시. 꾸리찌바를 6년 만에 다녀왔습니다. 그렇게도 그리던 도시에 머물면서 소박하고 밝은 사람들의 모습도 보게 되었지요.

그들은 남과 비교하지 않았으며 작은 것에 감사했어요. 그래서 어느

나라보다 행복 지수가 높다고 합니다. 언제나 환경과 어린이 복지 향상을 우선하고, 특히 교육에 많은 투자를 합니다. 어린이는 내일의 시민이며 미래의 주인이니까요. 이미 있는 것이나 버려진 것들을 새롭게 만드는 일이 얼마나 행복하고 재미있는지 여러분들은 이 책을 통해 알게 될 거예요. 이 도시가 가지고 있는 첫 번째 비밀이 바로 창조성이거든요.

축제의 향연이 벌어지는 꽃의 거리를 거닐면서, 풍요로운 숲길과 더불어 소박하고 조화로운 건축물들을 바라보며 참으로 축복받은 도시란 생각을 했습니다. "희망의 도시", "꿈의 도시", "지구에서 환경적으로 가장 올바르게 사는 도시" 등 국제 사회의 찬사가 당연하다는 생각이 들었습니다. 급격한 산업화를 겪으면서 몸살을 앓던 가난한 지방 도시가 삼십 년 가까이 자연 생태계 보존의 중요성을 꿈꾸며 노력한 결과, 이렇게 손꼽히는 생태 도시로 바뀌게 되었으니까요.

꾸리찌바는 과거의 문화유산과 현재의 생활 공간이 분리되지 않은 도시, 시민을 먼저 생각하는 도시, 인간과 자연이 조화를 이루며 살아가는

도시라는 걸 알게 될 거예요. 그 비결이 바로 사람과 환경을 존중하는 거라는 것과 함께요.

더 가진 사람이 덜 가진 사람을 위해 기꺼이 부담을 집니다. 이들은 어려서부터 자원 절약과 지역 사랑 정신을 통해 서로 존중하는 자세를 배우기에 어른이 되어서도 어렵지 않게 이를 실천합니다. 시민과 시청, 사람과 사람의 모든 관계가 그러했습니다. 무분별한 개발이 발붙일 수 없도록 하지요.

급속한 과학의 발달과 산업화, 인구의 증가로 우리 주변의 환경은 끊임없이 변하고 있습니다. 이러한 변화는 우리 생활을 편하고 풍족하게는 하겠지만 심각한 환경 오염과 파괴를 가져왔습니다. 자신만 생각하는 인간의 욕심 때문에 지구는 자꾸 병들어 가는 것이지요. 우리의 엄마, 아빠는 밤하늘에 별이 총총히 박혀 있는 별들을 바라보며 꿈을 키워 왔습니다. 그러나 이제 서울 하늘은 별을 볼 수 없는 도시가 되어 가고

있어요. 그래서 우리는 사람과 자연이 함께 어우러지는 도시를 꿈꾸는 것이 아닐까요.

꾸리찌바에서의 더 큰 기쁨은 바로 귀한 만남이었습니다. 꾸리찌바 한인회장이신 한명재 회장님 내외분과 함께 하는 동안 한결같은 섬김과 사랑을 느낄 수 있었어요. 특히 두 부부와 다섯 자녀를 통해서요. 서로를 아끼며 존중하는 마음, 지금까지도 잊을 수 없습니다. 음악을 통해 서로 기쁨을 나누기도 했습니다. 이들의 삶이 꾸리찌바의 본보기인 듯싶었습니다. 출판사 파란자전거와 그동안 기도해 주신 모든 분들에게도 감사의 맘을 전합니다.

2011년 7월 안순혜

꿈속의 도시

아빠가 두루마리 종이를 쫙 펼쳤습니다.
"이게 뭐예요?"
"조감도야, 건물을 세우기 전에
실물에 가깝게 그림으로 그린
거지."
환이는 신기한 듯 바라보았습니다.
잘 정돈된 아파트 단지 사이로 곧게 뻗은 길,
푸르고 울창한 나무들과 오밀조밀하게
꾸며진 놀이터, 시원하게 물을 뿜는 분수,
파란 강줄기가 멋지게 그려져 있었습니다.

"와!"

환이가 소리쳤습니다.

내년에 이사 갈 집이 이렇게 멋진 곳이라니

기분이 좋을 수밖에요.

"이런 곳에서 살게 된다니 꿈만 같아요."

엄마도 흥분된 목소리로 말했습니다.

하지만 아빠의 생각은 좀 다른 모양입니다.

"조감도는 좋은 부분만 그린 상상도라고 생각하면 돼요."

"그럴까요?"

갑자기 엄마의 목소리에서 힘이 빠지는 듯했습니다.

"조감도 속의 숲은 아주 아름답고 울창해 보이지요?

하지만 막상 이사해 보면 작은 나무 몇 그루만 심어져 있곤 해요."

"그림 속의 나무들과 강줄기를 그대로

살아나게 할 수는 없을까요?"

조감도
높은 곳에서 비스듬히 지상을 내려다보았을 때의
모양을 그린 그림을 말합니다.
조감도에는 건물이나 나무 등이 실물에 가깝게 나타나 있는 경우가
많으며 관광안내도·여행안내도·조경공사계획 등에 사용되지요.

"……."

아빠는 무슨 말인가 하려다 잠시 창밖을 내다보았습니다.

창밖으로 눈이 펄펄 나렸습니다.

눈부시도록 하얗게 눈꽃이 핀 조팝나무 아래, 아이들도 하얗습니다.

환한 웃음을 띤 조팝나무를 아이들도 닮아 가는 모양입니다.

"아빠, 뭘 그렇게 열심히 보세요?"

"하얗게 눈꽃이 핀 조팝나무를 보고 있었어.

우리에게 손짓하는 것 같지 않니?"

"정말, 하얀 손을 마구 흔드는 것 같아요. 헤헤헤!"

아빠도 빙그레 웃음 지었습니다.

"얼마 전 네 또래의 아이가 쓴 글을 읽었어. 꾸리찌바의 나무들은

언제나 빙그레 웃고 있는 밝은 모습인데, 자기가 살고 있는

아파트 앞에 심어진 나무는 아파 보인다는 거야."

"그 아이도 아빠처럼 꾸리찌바에 다녀왔나 보죠?"

"나는 우리가 사는 이곳을 꼭 꾸리찌바처럼 만들고 싶단다."

환이의 아빠는 도시계획가입니다. 요즘처럼 공해가 심해지고
환경이 오염될 때는 도시계획가의 역할이 더욱 중요해지지요.
환이의 아빠도 환경에 많은 관심을 갖고 있답니다.

"꾸리찌바를 생각하면 절로 웃음이 나온단 말이야."

아빠는 잠시 눈을 감고 머릿속에 꾸리찌바를 그려 봅니다.

공원을 거닐며 마음껏 푸르름을 즐기는 사람들,

주말이면 무료로 사람들을 공원까지 실어다 주는 녹색 버스…….

꾸리찌바는 자연과 인간이 조화롭게 어우러진 아름다운 곳이죠.

도시계획가는

사람들이 편안히 살 수 있도록 도시의 교통, 주택, 위생, 보안 등을 연구하고 계획합니다. 경제가 발전하고 사람들이 도시로 몰리면서 도시를 편리하고 쾌적하게 만드는 일이 아주 중요해졌습니다. 도시계획가는 바로 그런 일을 하는 사람입니다.

꾸리찌바에 다녀온 후 아빠에게는 많은 변화가 있었습니다.

환이 역시 아빠의 영향을 받아서인지 자신도 모르게 꾸리찌바 이야기만 나오면 귀를 쫑긋 세웠어요.

아빠는 오늘도 꾸리찌바 이야기를 들려주셨습니다.

"정말 동화 속 이야기 같아요."

"시민들이 나서서 도와주지 않으면 그런 도시를 만들 수 없지. 모두가 주인 의식을 갖고 도시를 아름답고 깨끗하게 만드는 일에 적극적으로 참여한 덕분이야."

"아빠, 꾸리찌바라는 도시가 정말 있기는 한 거예요?"

"그럼, 꾸리찌바는 동화 나라가 아냐."

환이는 얼른 지구본을 들고 왔습니다. 아빠는 지구본을 빙그르 돌렸습니다. 그리고 손가락으로 남아메리카 반도에 있는 한 곳을 짚었습니다.

"자, 여기가 브라질이야. 꾸리찌바는 바로 여기, 브라질의 빠라나 주에 위치하고 있어."

"아, 여기 있네요."

환이는 보물섬이라도 발견한 듯 Curitiba란 알파벳을 보며 반가워했습니다.

숨 쉬는 도시 꾸리찌바를 찾아서

겨울방학이 되었을 때 환이는 아빠와 함께 꾸리찌바로 여행을

떠났습니다. 말로만 듣던 그 꾸리찌바로 말이에요!

아빠는 두 번째 방문이었죠. 꾸리찌바로 떠나기 전날 밤,

환이는 가슴이 설레어 밤잠까지 설쳤습니다.

우리나라의 반대편 남반구에 위치한

꾸리찌바는 땀이 송골송골 돋는

한여름이었습니다.

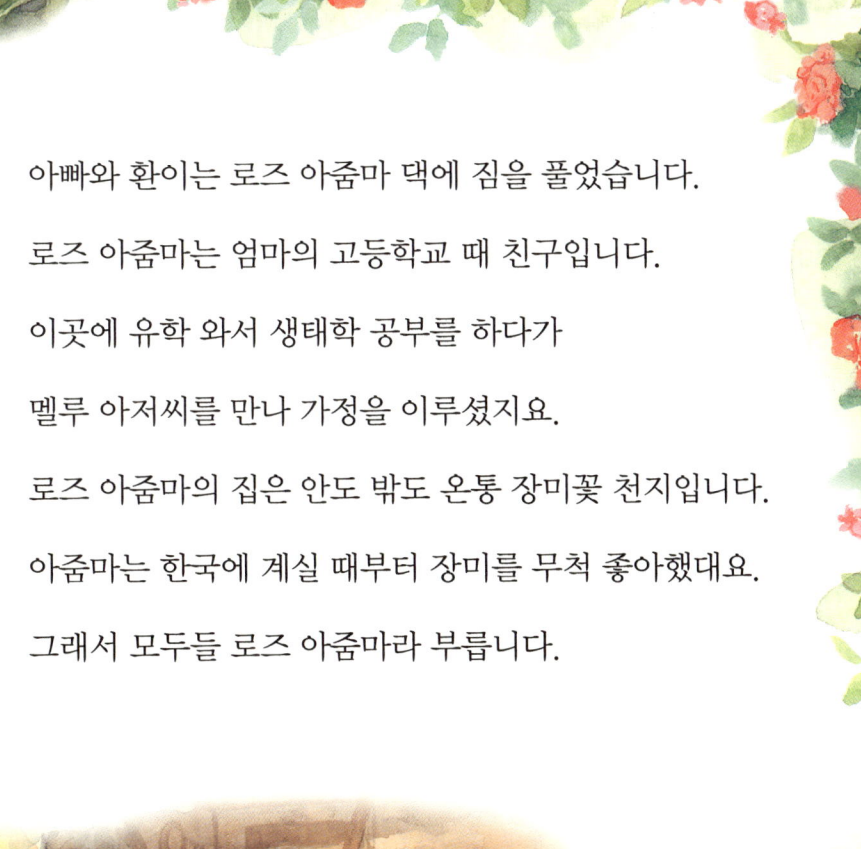

아빠와 환이는 로즈 아줌마 댁에 짐을 풀었습니다.

로즈 아줌마는 엄마의 고등학교 때 친구입니다.

이곳에 유학 와서 생태학 공부를 하다가

멜루 아저씨를 만나 가정을 이루셨지요.

로즈 아줌마의 집은 안도 밖도 온통 장미꽃 천지입니다.

아줌마는 한국에 계실 때부터 장미를 무척 좋아했대요.

그래서 모두들 로즈 아줌마라 부릅니다.

아줌마는 오랜 여행으로 지친
환이와 아빠를 위해 된장찌개와
유기농 야채들로 맛있는 저녁상을 차려 주었습니다.
풋고추 한 개를 집어 고추장에 푹 찍어 먹으며
환이가 말했습니다.
"한국에서 먹던 맛과 똑같아요."
"응, 고추는 내가 직접 키운 거고 고추장은
네 엄마가 보내 준 거야."
"어쩐지 엄마 솜씨와 너무 똑같다고 생각했죠."
환이는 밥 한 그릇을 뚝딱 해치웠습니다.

"힘들었을 텐데 오늘은 푹 쉬세요."

로즈 아줌마가 아빠와 환이를 위해 마련해 준 방은 전망이 아주 좋았습니다. 창문을 열자 꾸리찌바 시가지와 도심을 가로지르는 하천 물줄기가 한눈에 들어왔습니다.

"아까 오다가 보니 강물이 꼭 맑은 시냇물 같았어요."

"그렇지? 아, 깨끗한 공기를 마시니 숨이 탁 트이는 것 같구나."

환이와 아빠는 활짝 기지개를 켰습니다.

꾸리찌바에 어둠이 내리면서 꽃도 나무도 검은 옷을 입었습니다.

환이는 내일을 생각하며 일찍 잠자리에 들었습니다.

꽃의 거리

이튿날 아침, 환이는 아빠와 함께
꾸리찌바 시의 자전거 도로를
달렸습니다. 아빠의 등이 풍선을
집어넣은 것처럼 바람으로 풀럭입니다.
환이도 시원한 아침 바람을 몸에 가득 담고 신나게 달렸습니다.
"야호!"
환이가 소리쳤습니다.
키 큰 빠라나 소나무도 환이를 반기는 듯 몸을 흔들었습니다.
"저기가 꽃의 거리야."

아빠와 환이는 자전거를 세워 놓고 보행자 광장인 '꽃의 거리'로 향했습니다. 자동차 소리는 전혀 들리지 않고 경쾌하게 걷는 사람들 모습만 보입니다.
머리를 길게 늘어뜨린 인디오 할아버지가 밝은 표정으로 바이올린을 켜고 있었습니다. 그 선율이 멀리까지 울려 퍼졌습니다.
소박한 축제의 향연이 벌어지고 있는 '꽃의 거리'를 환이는 신나게 걸었습니다.

"자동차 걱정 안 하고 걸으니까 기분이 정말 좋아요."

"영국의 밀턴케인스라는 도시에도 레드웨이라는

붉은 벽돌색 길이 있는데, 사람들만 다니는 보행자 전용 도로란다.

길이 잘 닦여 있으니까 사람들도 차를 타기보다

웬만한 거리는 걸어 다니지."

"우리나라도 빨리 그렇게 되었으면

좋겠어요."

아빠는 조금 심각한 얼굴로 고개를

끄덕였습니다.

> 밀턴케인스는 영국에 있는 생태도시입니다. 자연환경이 참 아름다운 곳이죠.

그런데 '꽃의 거리' 저쪽 끝에 전차가 보입니다.

"'꽃의 거리'에 웬 전차예요?"

"아, 저건 탁아소야. 폐전차를 탁아소로 재활용한 거지. 쇼핑하러 나온 부모들이 편안한 마음으로 아이들을 맡길 수 있도록 만든 거야. 저기 봐! 놀이 기구도 있지?"

엄마, 내일도 또 오면 안 돼요? 기차 놀이 방이 정말 재미있었어요.

예술도 재활용해요!

오후에 환이는 아빠를 따라 꾸리찌바 시청에 갔습니다.
버스를 타고 시청까지 가는 길에는 잘 정돈된 나무들이
늘어서 있었습니다. 나무들은 노래하듯 밝은 모습이었지요.
어느 곳이든 자연이 숨 쉬고 있는 것 같아
환이는 몸까지 가벼워지는 느낌이었습니다.

차창 밖으로 본 꾸리찌바는 새 건물보다는
오래된 건물이 많았습니다. 물론 말끔하게 다시 단장해서
낡고 지저분한 느낌은 조금도 없었어요.
환이는 그러한 건물들에 정감이 갔습니다.
"꾸리찌바 사람들은 도시 자체를 창조적인 종합 예술 작품이라고
생각한단다. 그래서 오래된 건물을 부수기보다는
아름답고 쓸모 있는 건물로 되살리려고 애쓰지.
꾸리찌바는 예술적 재활용을 좌우명으로 삼고 있어."

꾸리찌바의 나무들은 참 행복합니다. **왜냐구요?**
꾸리찌바에는 '나무 보호 정책'이라는 것이 있기 때문이에요.
꾸리찌바에 본래부터 있던 나무들은 모두 시청에 등록하고,
만약 허가 없이 나무를 벨 경우에는 그 위치와 나무의 종류에 따라
벌금을 부과하는 것이지요. 반면에 꽃이나 나무를 잘 자라게 하는
마을에는 세금을 줄이는 혜택을 주기도 합니다.
가만히 귀 기울여 들어 보세요.
꾸리찌바에선 "하하", "호호" 나무의 행복한 웃음 소리가 들려요.

"재활용을 하면 쓰레기도 적어지잖아요."

"그렇지!"

환이는 문득 엄마랑 재활용 빨랫비누를 만들던 일이 떠올랐습니다.

폐식용유를 양잿물과 섞어 저은 후 그릇에 담아 굳히면 근사한 빨랫비누가 완성되지요.

멍하니 생각에 빠진 환이의 어깨를 툭 치며 아빠가 물었습니다.

"무슨 생각을 그렇게 하니?"

환이는 얼른 말꼬리를 돌렸습니다.

"그런데 아빠, 조금 전에 꾸리찌바를 종합 예술로 본다니
그건 무슨 뜻이지요?"
"응, 도시를 예술 작품처럼 만들고 가꾸어 나간다는 거야."
"음악, 미술, 연극 모두 포함해서요?"
"그렇지, 꾸리찌바 시는 자연환경뿐 아니라
역사와 문화도 재활용하고 아름답게 가꾸는 도시란다."

드디어 시 청사에 도착했습니다.

아빠가 볼일을 마칠 때까지

환이는 혼자서 청사 밖을 거닐었습니다.

말이 안 통해서 누구를 잡고 함께 놀자 할 수는 없었지만

조금도 지루하지 않았습니다.

청사에는 멋진 조각상들이 있었고, 벽에는 아름다운

벽화가 그려져 있었거든요. 특히나 청사 정면에

쫙 깔려 있는 벽화는 너무나 아름다웠습니다.

둥근 달을 중심으로 왼쪽에는 나무가 오른쪽에는

등대가 그려져 있었습니다. 은빛 달빛이 나무와 등대를

포근하게 감싸안은 듯 온화했어요.

> 시청은 '도시'의 살림을 책임진 곳입니다. 시민들로부터 세금을 걷어, 시민들이 더 편안하게 살 수 있도록 여러 가지 일을 합니다.

한창 시 청사 벽화를 올려다보고 있는데 아빠가 환이를 불렀습니다.

환이가 손가락을 들어 벽화를 가리키며 말했습니다.

"저기에 그림이 있어요."

"아, 벽화구나. 참 멋지지! 저기 그려진 나무는 빠라나 소나무고,

그 맞은편은 지혜의 등대야. 꾸리찌바를 상징하지."

환이와 아빠는 시청 앞 거리로 나왔습니다.

아빠는 내친김에 거리 이곳저곳에 있는

아름다운 벽화들을 구경시켜 주었습니다.

"와, 너무나 멋져요!"

"도시의 벽화는 사람들의 마음을 순화시키고

환경을 아름답게 만들어 준단다."

특히나 환이의 시선을 끌었던 것은 이과수 강과 그곳에 사는 동물들을 그린 벽화였어요. 붉은빛을 띤 이과수 강과 나무들, 이름 모를 온갖 동물들, 모두가 마냥 신기하기만 했습니다.

"아빠, 꾸리찌바를 예술의 도시라고 불러도 되겠어요."

환이는 거리의 예술 작품들을 한국에 그대로 옮기고 싶다는 생각을 했습니다.

이과수란 브라질과 아르헨티나의 국경을 이루는 강으로 '큰 물'이라는 뜻입니다. 특히 이 강이 빠라나 강과 만나 만드는 이과수 폭포는 세계 3대 폭포로 꼽힙니다. 이 폭포와 주변 정글은 브라질의 국립공원으로 지정되어 있으며, 멸종 위기에 처한 라프라타 수달, 꼬리 감는 원숭이 등이 살고 있대요.

환경을 지키기 위한 어린이들의 실천

말로만 환경보호를 외치는 것이 아니라 실천하는 환경보호가 정말 필요합니다. 아래 글을 읽으며 나의 경우는 어떠한지, 얼마만큼 실천을 하고 있는지 체크해 보세요. 환경의 소중함을 안다면 하나하나 실천하는 어린이들이 될 거예요.

- **하나.** 음료수 병, 깡통, 플라스틱, 고철 등 재활용할 수 있는 쓰레기는 모아서 폐품 활용을 하든지 분리 수거를 하세요.
- **둘.** 머리 감을 때 샴푸 대신 비누를 사용하세요.
- **셋.** 식사를 할 때나 간식을 먹을 때, 먹을 수 있는 만큼만 적당히 꺼내 먹으세요. 남아서 버려진 음식물은 결국 쓰레기가 되거든요.
- **넷.** 프라이팬이나 냄비 등에 묻어 있는 기름은 종이로 닦아 낸 뒤 설거지를 하도록 하세요.
- **다섯.** 수돗물을 아껴 쓰세요.
- **여섯.** 애완동물의 분뇨나 오물 등을 하수구나 하천에 버리지 마세요.
- **일곱.** 야외에 놀러 갔을 때 강이나 바다, 산에 쓰레기를 버리지 마세요.
- **여덟.** 화분이나 화단에 꽃과 나무를 심으세요. 식물은 산소를 공급하고 이산화탄소를 빨아들인답니다.
- **아홉.** 예쁘긴 하지만 포장이 너무 많이 된 상품은 사지 마세요. 포장재는 어차피 버려지는 경우가 많으므로 많은 쓰레기를 낳거든요.
- **열.** 비닐이나 스티로폼 등 매연이나 악취가 발생하는 물질을 함부로 태우지 마세요.

나뭇잎 가족 캠페인

오늘, 아빠는 회의가 있어서 일찍 나가셨습니다.

"아줌마가 친구가 되어 줄게. 괜찮겠지?"

"정말요?"

직장에 다니는 로즈 아줌마는 저녁 때나 잠시 만날 뿐이었는데, 하루를 몽땅 함께 보내 준다니 환이는 너무나 기뻤습니다.

로즈 아줌마는 맛있는 과자도 구워 주고

재미있는 얘기도 해 주었습니다. 그리고 오후에는

환이를 나뭇잎 가족 캠페인에 데려다 주었습니다.

'나뭇잎 가족 캠페인'이란 엄마, 아빠 그리고 아이들이 함께

나뭇잎 모양의 옷을 입고서 환경보호를 주제로,

노래하고 춤추고 연극도 하는 것입니다.

오늘 '나뭇잎 가족 캠페인'에는 특별히 꾸리찌바의 전 시장님이었던

레르네르 아저씨도 참여했습니다. 한국에 있을 때

아빠가 레르네르 아저씨에 대해 이야기해 준 적이 있는데,

꾸리찌바를 아름다운 도시로 만든 일등공신이라고 합니다.

꾸리찌바가 한창 환경 문제로 골머리를 앓고 있을 때, 젊은 건축가 자이메 레르네르가 꾸리찌바의 시장이 되었습니다. 그리고 꾸리찌바의 대변신이 시작되었어요. 레르네르 시장님은 돈보다 시민의 처지를 먼저 생각했습니다. 특히 가난한 사람들을 위해 무슨 일을 해야 할지 많이 궁리하셨죠. 그리고 드디어 참신한 시장님의 발상과 시민들의 적극적 협조로, 꾸리찌바는 세계 최고의 생태도시로 바뀌었습니다.

꾸리찌바 시는 히우데자네이루로부터 남서쪽으로 약 8백 킬로미터 떨어진 대서양 연안에 있어요.
전해지는 이야기에 따르면, 16세기 중엽 포르투갈에서 온 이주민들이 아라우까리아 대평원을 빼앗고 "여기"라고 말하면서 창을 꽂은 땅이 꾸리찌바의 시작이라고 합니다.

교통의 요지였던 꾸리찌바는 제2차 세계대전 후 서비스 산업의 중심지가 되었습니다.

하지만 도시가 발전하면서 무질서한 개발과 급속한 인구 증가 그리고 환경 오염 등 여러 가지 문제가 나타났습니다. 지금은 자연이 숨 쉬는 도시로 누구나 살고 싶어하는 곳이 되었지만 말이죠.

광장 한쪽에서는 초등학교 선생님과 아이들이 폐품을 받고 대신 재활용품을 나누어 주고 있었습니다. 빈병이랑 폐휴지를 주면 선생님이 예쁜 자동차나 공책 등을 나누어 줍니다.

"아줌마, 저건 뭐예요?"

"응, 쓰레기와 물건을 교환하는 거야. 저렇게 하면 어린이들은 쓰레기도 식품이나 학용품과 바꿀 수 있는 소중한 자원이라는 사실을 마음 깊이 새기게 되거든. 재활용할 수 있는 쓰레기도 함부로 버리지 않고."

"음, 그렇구나."

"녹색교환 날을 따로 두어 이런 활동을 크게 하기도 해.

쓰레기와 재활용 물품을 교환하는 거지.

환이도 쓰레기가 소중한 자원이라는 것쯤은 잘 알고 있겠지?"

"그럼요, 미래의 값진 돈이 된다는 것도요."

환이는 큰 소리로 대답하고는 씩 웃었습니다.

또 다른 곳에서는 하얀 수염 할아버지들이 묘목을 나누어 주고 있습니다.

로즈 아줌마와 환이도 예쁜 사과나무 묘목을 선물받았습니다.

작은 화분에 담긴 조그만 사과나무가 참 귀여웠습니다.

폐지의 깜짝 변신!

종이는 변신의 천재예요. 재활용할 수 있는 폐지는 공장에서 잘게 부숴 다시 종이로 만듭니다. '재생용지'라고 들어본 적이 있을 거예요. 혹시 그거 아세요? 종이 50킬로그램을 재활용하면 종이를 만들기 위한 나무 한 그루가 보호된대요. 그래서 꾸리찌바에서는 곳곳에 쓰레기는 나무다!라고 써 붙이기도 해요. 종이로 재생할 수 없는 폐지는 공장에서 물과 섞어 기와를 만듭니다. 아스팔트 도료를 입혀서 훌륭한 슬레이트 기와를 만드는 거지요.

그뿐인가요. 쓰레기를 되살리려는 꾸리찌바의 노력은 빈틈이 없습니다. 월요일부터 금요일까지 출퇴근 시간이면 사람들이 많은 버스 터미널 앞에 트럭이 한 자리를 잡습니다. 뭐하는 트럭이냐구요? 바로 다쓴 형광등이나 건전지, 쓰고 남은 약품, 페인트 따위를 수거해 가는 트럭입니다. 환경을 오염시키는 쓰레기가 함부로 버려지는 것을 막으려는 거지요.

우리나라에도 아파트나 학교에 건전지 모으는 통이 따로 있습니다. 여러분도 다 쓴 건전지는 잘 모아 두었다가 꼭 건전지 모으는 통에 버리세요!

쓰레기 아닌 쓰레기

여름 햇살 눈부신 아침입니다.
밖에서 웅성거리는 소리가 들려
내다보니 트럭 앞에서
사람들이 줄을 서서 무엇인가
받고 있습니다.
"음, 저건 쓰레기 트럭이야."
어느새 로즈 아줌마가 환이 곁에 바짝 다가와 있었습니다.
아줌마는 두 팔 가득 신문지랑 망가진 플라스틱 그릇 따위를 안고
있었습니다. 환이는 그것을 조금 나누어 들었습니다.

드디어 환이와 아줌마도 기다란 사람들의
대열에 끼어들었습니다.
트럭 아저씨에게 쓰레기를 주니까 작은 전표를 하나
주었습니다. 환이는 다른 사람들과 마찬가지로
그것을 음식물과 교환했습니다.

파릇파릇한 채소와 탱글탱글한 계란을 한아름
받아 든 환이는 가슴이 뿌듯했습니다.

아침 식사를 마치고 아빠와 환이는 외출 준비를 했습니다.

오늘은 멜루 아저씨가 함께하기로 했어요.

"그런데 아빠, 오늘은 어디 가는 거예요?"

아빠도 아저씨도 아무 말 없이 씨익 웃기만 하십니다.

환이는 흥분과 기대로 가슴이 설렙니다. 꾸리찌바 어디나

환이에게는 신기한 모험의 세계만 같았거든요.

멜루 아저씨는 환이와 아빠를 꾸리찌바 시 근교에 있는 '깜뽀라르고'로 데려갔습니다.

차에서 내려 조금 걸어가니, '단결 농장'이란 팻말이 보였습니다.

"아침에 쓰레기 트럭 봤지? 그 트럭들이 모아 온 쓰레기를 여기서 재활용품으로 분류한단다. 분류된 종이 뭉치나 잘 닦은 유리들은 잘 보관해 두었다가 재생제품으로 만들지. 다시 쓸 수 있는 물건들은 고쳐서 필요한 사람들에게 싼값으로 팔기도 해. 물론 그 수입은 모두 가난하고 불쌍한 사람들을 위해 쓰여지지."

멜루 아저씨의 설명을 들으며 공장 안에 들어서자,

마스크와 둥근 모자를 쓴 사람들이

열심히 재활용품을 분리하고 있었습니다.

"여기서 일하는 사람들은 알코올 중독자나 실업자,
장애인들이란다. 그들에게 일거리를 줘서
사회에 적응시키는 거지."
재활용도 하고, 어려운 사람들에게 일거리도 주고,
또 그 수입을 다시 사회를 위해 쓴다니,
일석삼조입니다!

다음으로 버려진 소품들의 전시장을 방문했습니다.

아빠와 환이는 동전과 지폐,
오래된 그림들, 누렇게 변한
사진, 반지, 골동품 등을 구경했습니다.

다른 박물관에서 흔히 볼 수 있는 근사하고 값비싼 전시물은 전혀 없었습니다. 다양한 가정용품들이 대부분이었죠.

환이는 궁금한 게 많았습니다.

"왜 이런 것들을 모아 놓았나요?"

"이것들은 브라질이 포르투갈의 식민지였을 때부터 지금까지 꾸리찌바 사람들의 끈끈한 땀이 배어 있는 역사의 흔적이야."

그때 멜루 아저씨가 환이에게 조그만 상자를 하나 내미셨습니다.
환이는 감사 인사를 드리고, 선물을 풀어 보았습니다.

그건 오래된 귀한 물건으로, 책을 보다가 눌러 둘 때 올려놓는 '문진'이라 합니다. 꽃무늬가 그려져 있었는데 서로 다른 색깔의 작은 유리 조각이 모자이크 모양으로 박혀 있었습니다.

"책을 열심히 보라고 주신 것 같구나."

"감사합니다, 아저씨."

환이는 문진을 만지작거렸습니다. 좋은 구경도 하고
멋진 선물도 받으니 환이는 절로 기분이 좋아졌습니다.
멜루 아저씨는 일터로 돌아가시고, 환이와 아빠는
내친김에 '작은 학교'까지 들렀다 가기로 했습니다.

작은 학교는 보통 학교와는 조금 다릅니다.
물론 그곳에도 책상과 걸상, 비디오, TV 등이 있습니다.
모두 쓰다 버린 것들을 재활용 공장에서 수리해 만든
소박한 물건들이지요. 어린이들은 쓰레기가 어떻게 재활용되는지,
이 학교에서 직접 보고 배운답니다.
환이가 아빠와 '작은 학교'에 도착했을 때는 사람들이 페트병을
가지고 빗자루 만드는 방법을 배우고 있었습니다.

"페트병이 빗자루가 되다니 정말 재미있어요."

"저걸 봐!"

"와, 마가린 용기가 화분으로 바뀌었네요."

환이는 너무나 신기했습니다.

"화분이 참 예뻐요. 가게에서도 파나요?"

"그럼, 물론이지."

꾸리찌바의 환경 교육은 이렇게 어려서부터 갖가지 현장 교육과 일상을 통해 이루어집니다. 그래야 자연스럽게 몸에 배겠지요!

환이와 함께 만드는 재활용 팔레트

준비물은 계란 포장재와 헌 쟁반이면 돼요.
두 가지 준비물을 물로 씻거나
종이로 잘 닦아서 준비해요.

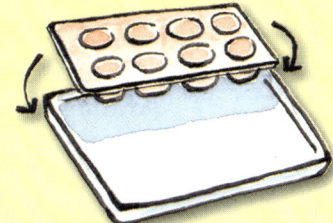

계란 포장재를 쟁반에 고정해요.
테이프나 본드 같은 것을 이용해서
단단하게 붙이면 더욱 좋아요.

그런 다음 계란 포장재의 움푹 파인 곳에
색색의 물감을 넣어 봐요.
예쁜 팔레트가 완성되었지요!

지구야, 태양아, 정말 고마워

이튿날 환이와 아빠는 꾸리찌바 사람들에게
환경 교육을 하는 환경 개방 대학과
오뻬라 데 아라메 극장을 구경하기로 했습니다.
오뻬라 데 아라메 극장은 외국인 관광객은 꼭 들르는
꾸리찌바의 명소랍니다. 원래는 채석장이었는데 돌이 다
채굴되어 쓸모가 없어지자 시에서 싼값에 사들였대요.
그러고는 을씨년스러운 이곳을 자연을 느낄 수 있는
아름다운 극장으로 만들었답니다.

오뻬라 데 아라메 극장은 밖이 훤히 비치는 투명한 유리 돔 지붕에

벽도 온통 유리로 이루어져 있어요.

작은 호수 위의 철제 다리를 지나 극장 안으로 들어가면

유리벽을 통해 주변의 나무들이 보입니다.

마치 숲 속의 무대에 앉아 있는 느낌이 들지요.

환경 개방 대학에 갔을 때는 음악실에서 아름다운 노래가

흘러나왔습니다. 아빠는 환이에게 노랫말을 설명해 주셨습니다.

바로 이런 노래였지요.

작은 물방울 하나가 커지고 커져 시내가 되고,

그 시내가 커지고 커져 폭포가 되었네.

아름다운 폭포수로 빠라나가 풍요로워지고

그 폭포수는 아름다운 강이 되었네.

우리 모두는 같은 목표를 가지고

같은 행성에서 살고 있네.

이 행성을 뭐라고 부르죠?

다 같이 지구!

지구야, 우리가 자라게 해 주어서 고마워!

태양아, 우리를 비추어 주어서 고마워!

지금 우리는 일할 준비가 되어 있어요!

꾸리찌바는 아무도 생각하지 못한 방법으로
역사와 문화를 보존하며 도시를 개발했어요.
음료수 병으로 램프를 만들어 공원을 꾸미고,
버려진 본드 공장을 가난한 사람들을 위한
창조문화센터로 만들었답니다.
유명한 빠이올 연극관도 애초엔 쓸모없는 화약 창고였대요.
정말 대단합니다.
"정말 대단해요!"

땅 위의 지하철

돌아가는 길에 환이와 아빠는 버스를 타기로 했습니다.

그런데 버스 정류장 좀 보세요! 원통 모양의 정류장은 마치 지하철 승강장 같습니다.

"정류장 모양이 정말 신기해요!"

"원통형 버스 정류장은 세계적으로 유명한 꾸리찌바 시의 명물이란다."

그때 빨간색 버스가 미끄러져 들어왔습니다. 어, 그런데 버스가 우리나라의 버스 3대를 이어붙인 듯 기다랗습니다. 굴절버스라고 불리는 이 버스는 꾸리찌바의 대표적인 운송 수단이에요.

한 번에 270명이나 탈 수 있다니 굉장하지요.

"와, 버스가 참 길어요. 꼭 기차 같아요."

"그렇지? 버스를 지하철처럼 빠르고 편안한 교통 수단으로 만들 수 없을까 하고 연구하다가 버스 전용 도로를 만든 거야. 버스도 이렇게 길게 만들고 말야."

"그래도 지하철처럼 빠르진 않겠죠?"

"아니, 빨라. 버스를 크게 세 가지로 나누고,

각각 전용 차선을 따로 두어 길이 막히지 않게 했거든.

또 원통형 버스 정류장을 만들어서

타고 내리는 데 걸리는 시간을 크게 줄였지."

"우리나라에도 이런 버스가 있었으면 좋겠어요."

환이도 아빠도 꾸리찌바 사람들이 부러웠습니다.

꾸리찌바의 색깔 버스

꾸리찌바는 세계 최고의 교통체계를 갖고 있습니다. 우리나라는 지하철을 만들기 위해 애쓰지만, 사실 땅을 파서 지하철을 만드는 것보다 버스 전용 도로를 두는 것이 돈이 훨씬 적게 듭니다. 그래서 꾸리찌바에서는 버스에 투자를 아끼지 않습니다.
꾸리찌바의 버스는 여러 가지 색깔로 구분되며, 색깔마다 노선이 다릅니다.
회색 버스는 꾸리찌바 교통의 축이랄 수 있는 중심 지역 사이를 직통으로 달립니다.

노란색 버스는 외곽에서 도시로 들어와 터미널까지 운행합니다.
녹색 버스는 도시 외곽을 순환합니다.
빨간색 굴절버스는 최대 탑승인원 270명을 싣고 교외 터미널에서 시내까지 직행합니다. 자가용보다 훨씬 편리하니까 매일 190만 명 이상이 버스를 이용합니다. 덕분에 우리나라처럼 나라에서 보조금을 주지 않아도 세계에서 가장 싼 버스 요금으로 최고의 서비스를 제공하지요. 부럽죠!

지혜의 등대

오늘은 꾸리찌바에서의 마지막 날, 환이는 로즈 아줌마와
'지혜의 등대'에 갔습니다. '지혜의 등대'는 3층짜리 미니
도서관입니다.
'지혜의 등대'에는 출입문이 두 개랍니다. 하나는 초등학교와
연결돼 있고 또 하나는 거리를 향해 있습니다.
학생용과 주민용인 셈이지요. 빨간 지혜의 등대 꼭대기에는
망대도 있습니다. 망대는 밤이 되면 주변을 환히 밝혀 준대요.
또 등대에는 비상 전화도 있고 밤 9시부터는 경찰관이 근무한다니,
지혜의 등대는 치안의 등대이기도 한 모양입니다.

"와! 사람들이 참 많아요."
로즈 아줌마는 환이에게 지혜의 등대에 대해서
열심히 설명해 주었습니다.

어린이부터 어른까지 많은 사람들이
이용한단다. 넉넉지 못한 지역
주민들에게 이 등대는 문화적 혜택을
골고루 나눠 주는 횃불인 셈이지. 그 덕에
길거리를 배회하는 청소년도 크게 줄었단다.

> '지혜의 등대'는 '문화의 횃불'이고 '문화의 나무'이지요!

열람실로 들어가자 긴 책상 위에 책을 올려놓고 열댓 명의
아이들이 열심히 책을 읽고 있었습니다.
환이가 가까이 갔는데도 아이들은 책 속에 빠져 모르는 눈치였어요.
로즈 아줌마와 환이는 조용조용 한 바퀴 돌고는 얼른 나왔습니다.
책을 읽고 싶어도 생전 처음 보는 글자라 환이는
제목조차 읽을 수 없었거든요.

그날 저녁, 식사를 할 때 아빠가 물었습니다.

"'지혜의 등대'에 다녀왔다며? 감상이 어때?"

"독서의 소중함을 느꼈어요."

"말로만?"

"정말이에요. 두고 보라니까요."

로즈 아줌마가 호호 웃으시며 끼어들었습니다.

"환이는 멋진 생태학자가 될 거예요. 자연을 사랑하고,

호기심도 많고, 또 의욕적이니까요."

멜루 아저씨도 "맞~아요!" 하고 맞장구를 쳤습니다.

"환이가 컸을 때는 우리나라에도 사람과 자연이 서로 돕는

환경도시가 많아져야 할 텐데…….

환이에게 지지 않으려면 나도 열심히 해야겠는걸."

"그런데 그런 도시를 만들려면 어떻게 해야 하나요?

꾸리찌바를 보고 그대로 좇아가면 될까요?"

멜루 아저씨가 말씀하셨습니다.

"아니, 꾸리찌바도 완벽한 도시는 아니란다.

사람도 도시도 계속 변하니까 지금은 완전해 보여도

늘 새로운 문제가 나타나지."

"그럼, 어떻게 해야 하나요?"

환이는 금세 시무룩해졌습니다.

그러자 아빠가 웃으며 말했어요.

"우리는 사람과 자연을 조화시켜 도시를 개발한

그들의 노력하는 태도를 배우면 되는 거야."

"사람과 자연의 조화……."

환이는 중얼거리며 창밖을 내다보았습니다.

어둠이 '지혜의 등대' 주변을 덮기 시작했습니다.

등대의 망대에 불이 켜집니다.

"아빠, 바다 한가운데에 떠 있는 우리를

저 등대가 지켜 주는 것 같아요."

환이의 마음은 등대 불빛처럼 환하게 밝아졌습니다.

이제 내일이면 환이는
그리운 엄마 품으로 돌아갑니다. 그리고 꾸리찌바에서
만난 지혜의 불빛도 함께 가져갈 거예요.

생태도시가 뭐예요?

생태도시란 말이 처음 나온 것은 1992년입니다. 이 해에 브라질 히우데자네이루에서는 점점 나빠지는 지구 환경 문제를 협의하기 위한 '히우 회의'가 열렸습니다. 그때까지 많은 나라들이 경제 개발에 치우쳐 환경을 소홀히 했어요. 그러다 보니 자연은 파괴되고 동식물은 물론 사람도 살기 힘든 환경이 되었죠. 그래서 생각한 것이 환경적으로 건전하고 지속 가능한 개발이었습니다. 생태도시는 이런 고민 속에서 나온 것입니다.

사회가 발전하면 도시 인구가 늘어가고 규모도 커지게 마련입니다. 그래서 도시를 계획적으로 개발하는 것이 중요하지요. 생태도시는 도시 개발과 자연생태계의 보존을 함께 생각한 것입니다. 한마디로 생태도시란 자연이 가지고 있는 장단점을 잘 고려하여, 사람과 자연이 함께 어우러지는 살아 숨 쉬는 도시를 말합니다.
생태도시에는 몇 가지 특징이 있습니다.

첫째, 숲이나 산이 우거지고 물이 깨끗하여, 사람뿐 아니라 여러 가지 생물이 살 수 있습니다.
둘째, 자원을 절약하고 재활용하며, 무공해 에너지를 사용하는 체계를 갖추어야 합니다.
셋째, 시민의 편의를 최대한 고려하여 도시를 건설하고, 교통 계획과 인구 계획이 조화롭게 잘 되어 있습니다.

현재 생태도시 또는 환경도시로 꼽히는 도시로는,
꾸리찌바 외에도 영국의 밀턴케인스, 미국의 데이비스,
독일의 베를린·슈투트가르트·프라이부르크,
쿠바의 아바나, 덴마크의 스투르스템, 네덜란드의 델프트,
일본의 기타큐슈 등이 있습니다.

앞으로 우리나라에도 많은 생태도시가 생겨날 수 있도록
우리 모두 힘써야겠습니다.

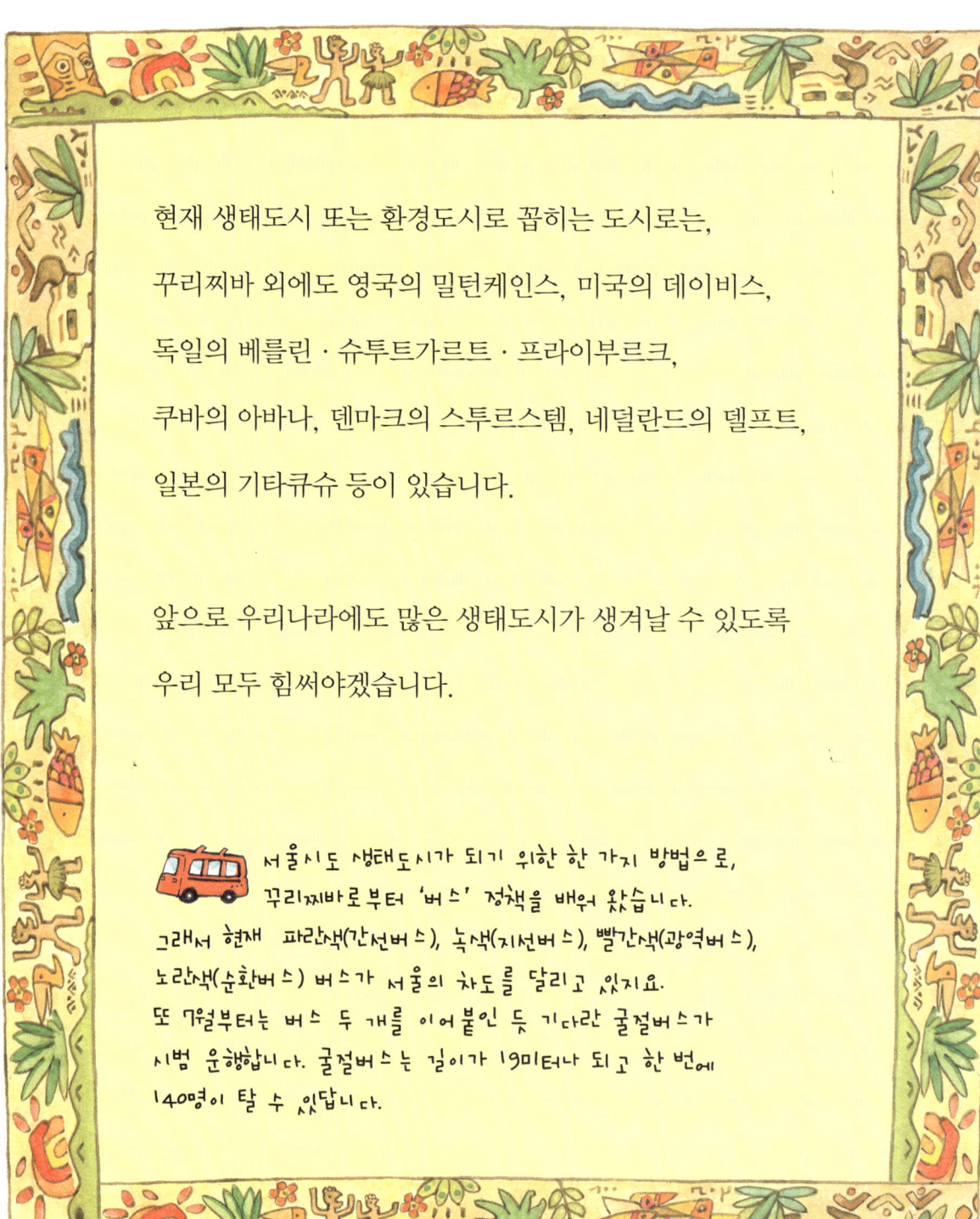

서울시도 생태도시가 되기 위한 한 가지 방법으로, 꾸리찌바로부터 '버스' 정책을 배워 왔습니다. 그래서 현재 파란색(간선버스), 녹색(지선버스), 빨간색(광역버스), 노란색(순환버스) 버스가 서울의 차도를 달리고 있지요. 또 7월부터는 버스 두 개를 이어붙인 듯 기다란 굴절버스가 시범 운행합니다. 굴절버스는 길이가 19미터나 되고 한 번에 140명이 탈 수 있답니다.

노력하는 생태도시 밀턴케인스

또 하나의 생태도시, 밀턴케인스는 영국에 있습니다. 밀턴케인스는 런던에 집중된 인구를 줄이기 위해 런던과 버밍엄 사이에 건설되었어요. 지금처럼 살기 좋은 생태도시로 만들기까지는 30년이나 걸렸고 어려운 일도 많았습니다. 원래 밀턴케인스는 맑은 호수가 아름다운 전형적인 시골 마을이었습니다. 그래서 처음 도시를 만들 때부터 아름다운 지형 조건을 최대한 살리면서 집과 공장을 지었습니다.

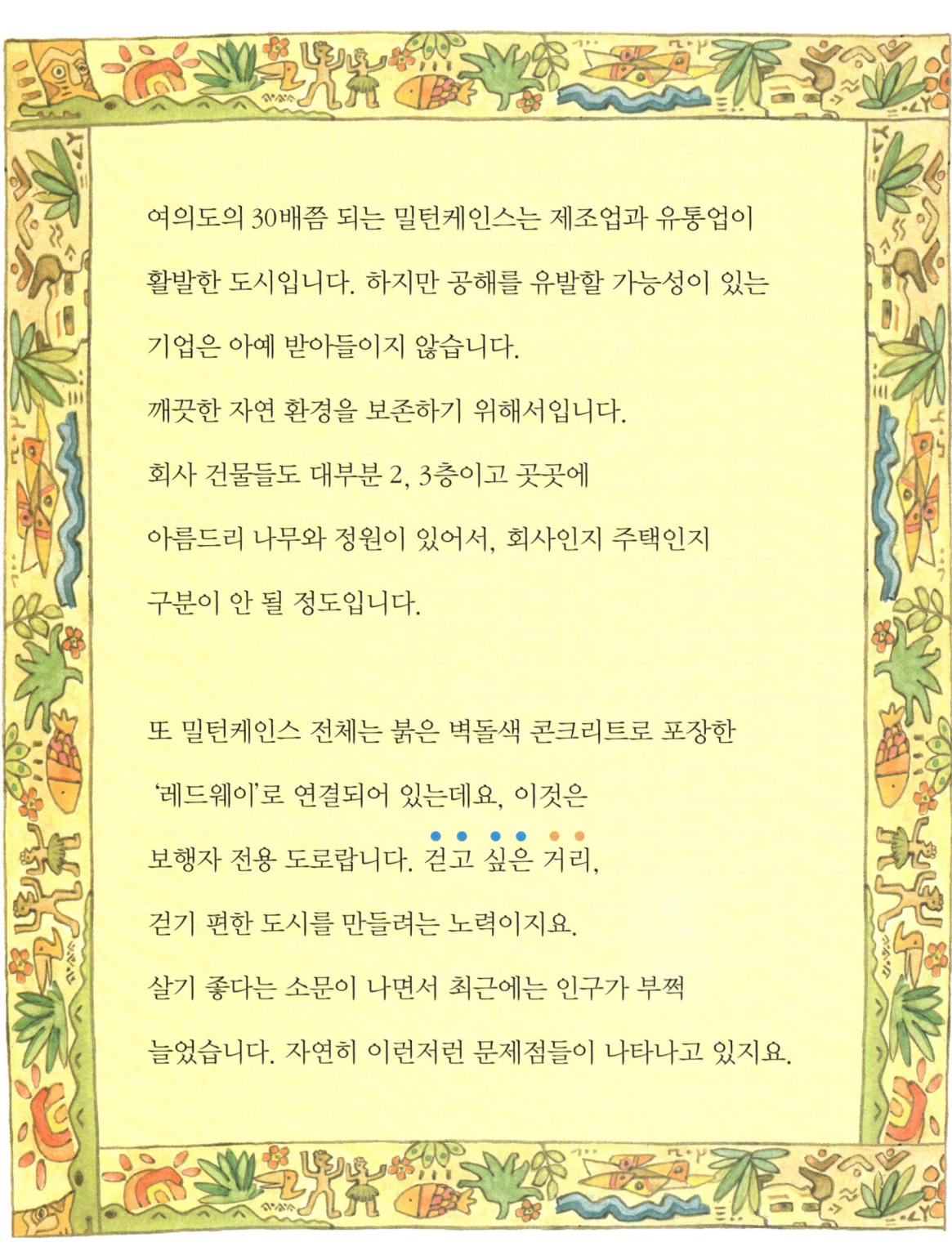

여의도의 30배쯤 되는 밀턴케인스는 제조업과 유통업이

활발한 도시입니다. 하지만 공해를 유발할 가능성이 있는

기업은 아예 받아들이지 않습니다.

깨끗한 자연 환경을 보존하기 위해서입니다.

회사 건물들도 대부분 2, 3층이고 곳곳에

아름드리 나무와 정원이 있어서, 회사인지 주택인지

구분이 안 될 정도입니다.

또 밀턴케인스 전체는 붉은 벽돌색 콘크리트로 포장한

'레드웨이'로 연결되어 있는데요, 이것은

보행자 전용 도로랍니다. 걷고 싶은 거리,

걷기 편한 도시를 만들려는 노력이지요.

살기 좋다는 소문이 나면서 최근에는 인구가 부쩍

늘었습니다. 자연히 이런저런 문제점들이 나타나고 있지요.

하지만 밀턴케인스는 고층 아파트를 짓는 손쉬운 방법 대신,

사람과 자연이 모두 잘 살 수 있는 방법을 찾아

고민하고 있답니다.

모든 것이 완전할 수는 없습니다. 하지만 사람과 자연을

조화시키고자 노력하는 자세가 중요한 것이지요.

그렇게 노력하는 도시가 바로 생태도시입니다.

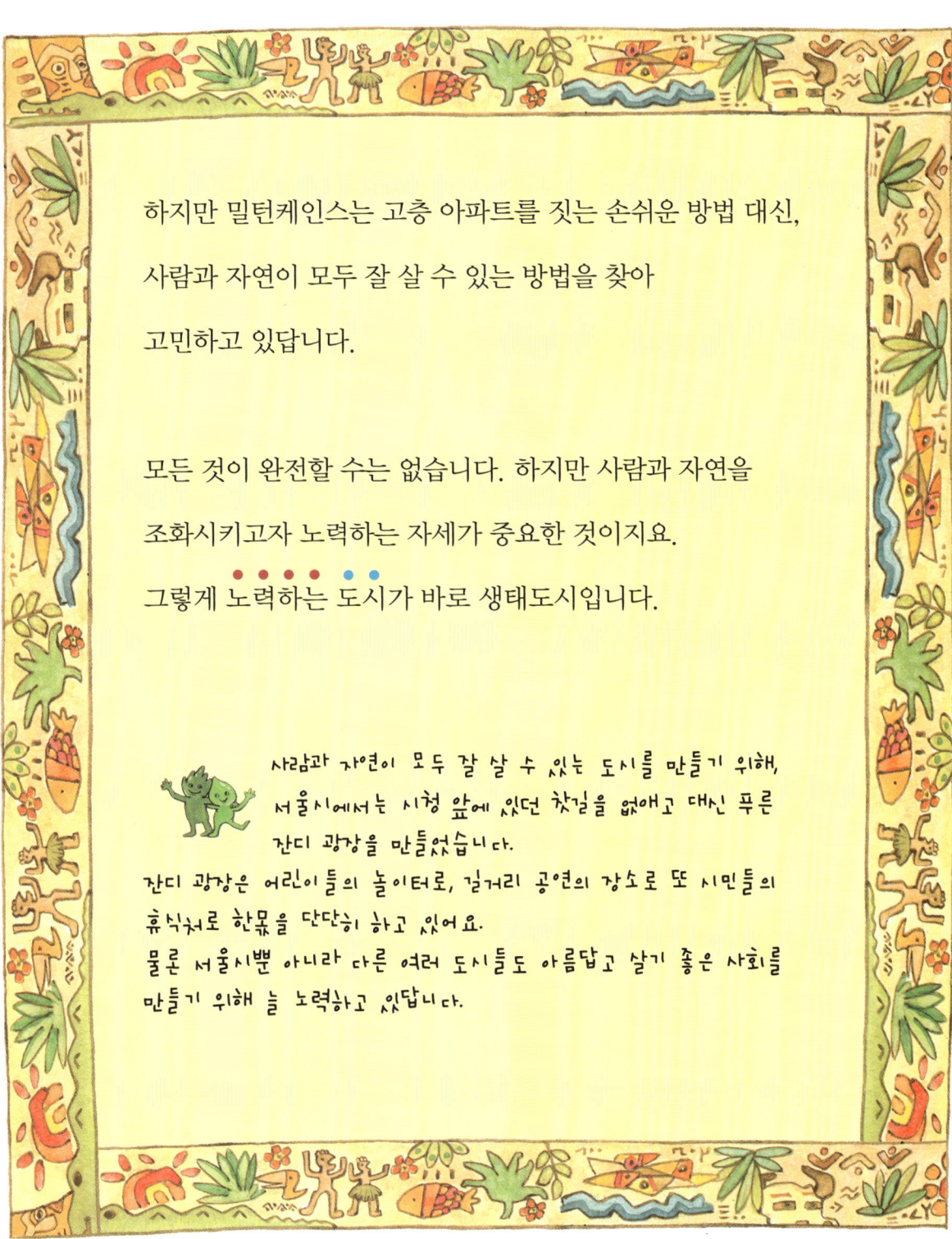

사람과 자연이 모두 잘 살 수 있는 도시를 만들기 위해, 서울시에서는 시청 앞에 있던 찻길을 없애고 대신 푸른 잔디 광장을 만들었습니다.
잔디 광장은 어린이들의 놀이터로, 길거리 공연의 장소로 또 시민들의 휴식처로 한몫을 단단히 하고 있어요.
물론 서울시뿐 아니라 다른 여러 도시들도 아름답고 살기 좋은 사회를 만들기 위해 늘 노력하고 있답니다.

환이와 함께한 꾸리찌바 여행은 즐거웠나요?
이제, 생태도시란 무엇이고
왜 그토록 중요한 의미를 갖는지,
또 생태도시를 만들기 위해서는
어떻게 해야 하는지 잘 알겠죠!
꾸리찌바에는 지금까지 둘러본 곳 말고도
볼거리가 가득하답니다.
뜨거운 태양과 정열의 나라 브라질,
언젠가 이곳을 여행하게 된다면
잊지 말고 꾸리찌바에 들러 보세요.
말 그대로 "숨 쉬는 도시"를
곳곳에서 만날 수 있을 거예요.

숨 쉬는 도시 꾸리찌바

꾸리찌바는 국제사회에서 "꿈과 희망의 도시", "시민을 존중하는 인간의 도시"로 불립니다. 꾸리찌바에 쏟아진 이러한 찬사만 봐도 세계가 이 도시를 얼마나 중요하게 생각하는지 알 수 있을 것입니다.

미국의 시사주간지 〈타임〉지는 꾸리찌바를 '지구에서 환경적으로 가장 올바르게 사는 도시'로 선정하였고, 유엔은 '우수 환경과 재생상'을 수여하였습니다. 또 국제에너지 연구소로부터 '세계 에너지 효율상'을 수상했고, 유명한 스웨덴의 볼보자동차 회사로부터는 '교통 안전상'을 받았습니다. 유엔 도시 정상회담은 꾸리찌바를 "세계에서 가장 창의적인 도시"로 선언하였고, 미국의 〈유에스뉴스앤월드리포트〉라는 주간지는 "세계에서 가장 현명한 도시"로 선정하기도 했습니다. 캐나다의 토론토에서 실시 중인 도시 계획도 모두 꾸리찌바에서 배워 온 것이라고 합니다.

꿈의 도시 꾸리찌바

빠이올 연극관
포르투갈 식민지 시대에 탄약창고로 사용하던 곳을 연극 공연장으로 이용하고 있습니다.

오페라 데 아라메 극장
폐광 지역이던 곳에 자연을 그대로 살려 아름다운 오페라 하우스를 지었습니다. 건물 전체가 유리로 만들어진 이곳은 꾸리찌바의 상징물입니다.

꾸리찌바의 광장
꾸리찌바 시내 곳곳에는 잘 꾸며진 광장이 수없이 많습니다. 가르발디 광장에서는 주말이면 시장이 서기도 합니다. 도심 속에 거대한 정원으로 꾸며진 산투스안드라데 광장, 고풍스런 건물에 둘러싸인 오르뎀 광장도 유명한 볼거리 중 하나입니다.

규제 표시판
시내 곳곳에 있는 자연 공원 입구에는 환경오염을 막기 위한 규제 표시판이 세워져 있습니다.

바리귀 공원과 시립 식물원
바리귀 공원과 시립 식물원은 꾸리찌바 시민들이 가장 즐겨 찾는 장소입니다. 공원을 가로지르는 바리귀 강은 비만 오면 넘쳐서 주변에 많은 피해를 주었지만, 지금은 나무와 풀을 심어 광대한 공원을 이루었습니다.

예술의 도시 꾸리찌바
꾸리찌바의 시내를 걷다 보면 흔하게 볼 수 있는 벽화입니다.
오래된 건물을 부수고 새로 짓는 것보다는 낡고 더러워진 건물 벽에 아름다운 벽화를 그려 넣어 도시 전체를 예술작품으로 바꿔 놓았습니다.

미니 도서관, 지혜의 등대
1995년부터 짓기 시작한 지혜의 등대는 현재 50개가 넘습니다. 낮에는 학생과 주민들에게 배움의 장소를 제공하고, 밤에는 불을 밝혀 마을 곳곳을 안전하게 지켜 준답니다.

카테드랄
바르셀로나의 대성당을 보고 영감을 얻어 지은 대성당입니다.